Genèses et magmas
I

Les éditions Le Cormier ont été fondées
par Fernand Verhesen

Publié avec le soutien de la Fédération Wallonie-Bruxelles

FÉDÉRATION
WALLONIE-BRUXELLES

*L'auteur remercie les membres de l'association SPES
sans la confiance et le soutien financier de qui
cet ouvrage n'aurait pu voir le jour.*

Courriel : lecormiereditions@gmail.com
Site : www.lecormier.net

ISBN 978-2-87598-020-5
Dépôt légal : Bibliothèque royale de Belgique
4e trimestre 2019 – D/2019/2075/3

HARRY SZPILMANN

Genèses et magmas

I

Le Cormier

Ma femme faite pour atteindre
la rencontre du présent.

René Char

Avant-propos

Cet ouvrage est traversé de part en part par une même problématique, à savoir *la question du Poétique.* Ne prétendant nullement y apporter de réponse univoque et moins encore définitive, notre office, essentiellement, aura consisté à demeurer au plus proche de *l'ouverture* suscitée par la question, en habiter la source, et l'avoir abordée dans *la multiplicité* des voix qui devaient naître du sortilège.

Les deux parties composant ce recueil – poèmes pour la première, fragments pour la seconde – se doivent d'être lues en miroir, afin que les lueurs de l'une attisent le feu couvant en l'autre, réciproquement.

Prêtant l'écoute aux tortillements d'un feu
chevauchant mes abîmes,

j'entends, tels ces immensément lents
murmures de lierre gravissant
le versant lésé du désir,

j'entends
chaque signe cherchant
à s'extraire de son imprononçable

nuit.

Sonde
l'insondable du vertige.

Dans l'angle mort,
une source, bien qu'inaudible,

palpite déjà.

Dans les immensités inétendues
d'une autre Terre,

on peut entendre battre,
en contrepoint
à l'Obscur,

l'espérance des cigales
et les rêveries des amandiers.

Serait-ce que les voix capiteuses
du désir s'apprêtent à forger
le fond fragile

d'une autre braise ?

Laisse au silence le soin de tisonner ta Parole
et, à ta Parole, la plus haute tâche
d'attiser son silence.

Ouvre ton silence

au secret chuchotement de la sauge,
à l'insondable battement du chemin,

à ce plus profond silence

que la lumière jamais ne finit
de moissonner.

Car toujours se devra le poète,
dans l'incendie de l'Être,

de devancer la marche du feu.

Jusqu'à la dernière herbe,
jusqu'au premier foyer.

Qu'est-ce qui insuffle l'écriture,
sinon *l'indicible du séjour ?*

La mort ne sera pas
le sort de l'homme

qui, de sa lanterne
convulsive,

peuple son désert
de foyers d'incendie.

Le souffle délié, toute limite abolie, j'entrevois qui ruisselle, par les fissures du Neutre, une plus terreuse, une plus terrienne lumière.

Vivre – à fracasser son sang contre l'énigme de ces soleils inassouvis.

De la soyeuse entente de ces choses
se soustrayant

aux rets du regard
comme aux fers du langage,

nos âmes
défectueuses ont à s'instruire.

Ainsi nous devons-nous d'accueillir,
de recueillir

le babil des carlines
à la limite de l'extrême solitude.

L'heure est propice aux fontaines
lorsqu'entrent en résonance
l'appel du Dehors et
la voix du dedans.

Cultive au terreau de ton corps
la cristalline écoute

en proie
aux murmures du brasier.

Alors peut-être saisiras-tu à la racine
cet insondable

qui creuse choses et non-choses
jusqu'à leur invisible

efflorescence.

Je cherche
l'absence de sens

à même de fendre
la pierre de l'inintelligible.

Armé de ta seule fièvre
et d'une poignée de poussière assoiffée,

attise cet indomptable influx
qui se débat en rugissant

en amont du langage.

Car nos eaux troubles toujours
sont près de se soulever,

de s'insurger, de s'embraser
à la faveur d'un chant

d'orchis et de genévrier.

Lorsqu'aux tourbières du désir vient à s'articuler la limpidité de la soif, chaque signe remontant à sa source – source comme issue d'un interstice de l'air que l'extase interroge – il nous incombe de déployer la ruisselante partition de notre ciel tintant dans la corruptible perfection du néant.

Guette en silence
le moindre écart du feu.

Et, de cet ineffable
émoi, libère le secret

crépitement.

Il est des flambeaux
qui n'attendent pour éclore

que le plus pur
dénuement de nos voix.

En l'immatériel humus de l'Être
ondoie quelque sauvage
influx

inséminant l'écheveau du silence ;

que l'écoute y fleurisse, et le poème
jaillira,

ruisseau écorchant nos sécheresses,
flambeau ponctuant nos famines.

Le feu
ne parle qu'au feu.

Ainsi s'en vient quelquefois
une mer houleuse de gardénias,
lumineuse et frondeuse,
s'ébruiter en nos voix.

Retranche, à coups de langue
d'ocre ou d'onyx,

la lente macération du vide,
la danse écumeuse du chaos

tout en veillant
à ce que la Terre toujours
demeure

le motif exalté de nos extases.

Écrire,
contre vents et marées,
les marées du désir et le zéphyr des indicibles.

Lorsque le souffle s'abreuve à l'oasis
du délié, nos mots franchissent
le seuil d'une langue

de *primordiale écoute.*

C'est alors que s'entendent qui affleurent
les premières lueurs printanières
dans le tardif hiver

de notre voix.

Le moindre tressaillement d'onyx, le moindre soulèvement de sauge, le moindre crépitement de soufre, inexorablement balafre la blancheur de nos espaces intérieurs.

Il nous faut tisonner l'Obscur pour que s'affinent les dimensions hiératiques de notre sol.

À chaque modulation
du silence correspond
l'appel d'un oiseau

qui déjà s'abstrait
en la promesse
du poème à venir.

Écrire, comme les captifs de l'Inconcevable
tissent de leur sang la fleur de leurs affranchissements.

Cherche à faire striduler ces inconformités
de l'âme sur lesquelles le monde entier
fait peser son bâillon.

Car, des astres et des azalées, la silencieuse
mélodie sollicite, en l'âme
de l'homme *amplifié,*

une plus prégnante, plus enivrante
présence.

Toujours se penchent les lumineuses sur nos fêlures dans l'inquiétude de savoir quelles seront les figures de leur proche avènement.

C'est pourquoi nous avons, sombres veilleurs illuminés de lys et de cailloux, à célébrer en nos sangs les noces incestueuses de *l'essentiel* et de *l'inconcevable.*

Pénètre,
alerte et disruptif,
dans l'attente insondée

et tout ouïe
à la latence de toute immensité -

allant,
au travers du dicible,
là où le souffle, à révéler, se lie

le magma des genèses
et le vivier de l'impensé.

Trouve ta langue vasculaire.
Et ses silences sismiques.

Lorsque le désir
remonte le cours du souffle

et que sous son égide
en retentissent les ocres et le carmin,

une voix affleure alors,
n'aspirant qu'à devenir cristalline

consécration d'une source
éprise de son propre écoulement

parmi l'azur et le lilas.

Écrire

à la faveur de cette source
que sauvegardent nos silences,

ou de ce lys

dont l'essence exaucée
fera le séjour brasiller.

Il nous arrive quelquefois d'entrevoir
dans l'abrupte

radicalité du désert

une possible demeure fructifère –

et le poème de défaufiler notre sang
pour y semer

une promesse de lumière.

Cédant à cette source anonyme qui nous incite à subvertir l'hégémonie granitique de la nuit et à franchir le seuil évanescent de notre renaissance, nous sacrifions tant et plus à ce souffle qui, depuis la pierre mutique jusqu'à l'étoilement du vivant, remonte l'énigme de la lumière, et s'étoilant étincelle.

Je ne cherche rien
qu'à dénuder la langue

jusqu'à la clarté dévorante
d'*un cœur sans nulle ambiguïté.*

De la comète des origines
jusqu'au brasier de la conflagration,

la Parole s'alimente de la répétition
d'un seul et même

Feu.

Il suffit quelquefois
qu'un tournesol s'en vienne

se greffer à la lymphe
et germer dans la langue

pour sabrer le désir,
pour activer la Présence.

Poète, compagnon d'armes
des azalées, frère éperdu
du rouge-gorge.

Respire, et vis,
en accordant ta lyre
sur la folle démesure du plein jour.

Ce n'est qu'en s'ouvrant
à cette flamme qui te creuse
que, peut-être, s'esquissera l'aubaine

d'atteindre aux fondations du feu.

Que ta parole donne à voir, en chaque échange, chaque geste, en chaque constellation, l'intime et sauvage ordonnance du feu – traçant ainsi à chaque strophe le chemin de l'homme, comme chaque poème, sa marche, la dissolvant.

L'ivresse que nous inspire un seul
oléandre en fleur,

l'Innommable s'y penche et
s'y abreuve.

Que chaque chose d'ombre et de lumière
retrouve au foyer de ta langue
son vrai visage

ruisselant d'inconnu.

Que peut bien espérer le néant
lorsqu'on aiguise ses armes
à la meule estivale du solstice ?

Les ressources du flambeau
ont pouvoir d'étancher
l'insatiabilité de la soif.

Le poème
n'abrite rien

qu'*une transparence*

en laquelle
se moire le feu

immémorial.

Il nous faut les semer
d'azur et d'oiseaux,

et les ensemencer
d'une musique de jasmin,

et les exiler
à la forge du souffle,

pour que s'accroissent
les dimensions du sang.

Une brûlure longuement couvée insiste à s'énoncer là où la machinerie du souffle s'allie l'intensité de nos saignées solaires ; un autre en notre ombre aspire à se consumer à la faveur d'une flambée de signes irrévélés, ou d'un brasier de vocables enfiévrés.

Œuvrons, en quelques mots
comme *sortilège,*

à restituer aux astres et aux chardons
leur commune respiration.

Le jour alors peut-être reconnaîtra-t-il

en notre Parole ce neutre ascendant
propre à l'aiguiller

et à le porter jusqu'au pinacle
de lui-même.

Écrire, ou *gravir dans les mots*
les degrés de l'air pur.

Ciel et terre ne vibrent et ne pulsent
que dans le regard pétri
de Parole.

Partout ailleurs ils ne font que mourir
à l'ombre de leur nuit
indéchiffrable.

Notre Parole, dans un suprême déni d'aliénation, est ce creuset où le feu sacré de nos foudres s'allie pour la balafrer *la blanche étendue du Dehors.*

Que la Terre
d'ocres et d'azur

soit ton moteur,
soit ton motif,
soit ton pacte natif.

Le ferment de ton sang,
le détonateur de ton chant.

Délire d'héliotropes,
fontaine des fontaines

Traverse
le mur de ton mutisme
et défaufile la nuit ceignant la Terre

avec, en bouche,
branle-bas d'oiseaux
et infinie effusion de lumière.

Vivre, *une exacerbation du souffle*
moulinant les passages.

Laisse aux oiseaux et aux astres
le soin de tendre l'arc
de ta révolte ;

Que ta parole
ne soit rien que l'écho
de la houle indocile du Dehors.

Dans les décombres de notre voix s'élève *toujours déjà* un rayonnement d'oiseaux défiant l'absolu du Désastre.

Écrire, et vivre, à faire résonner, à coups de strophes *comme des salves de lumière,* l'appel d'une Terre encore indiscernable.

Exilés en notre soif ces quelques signes
s'enivrent de la très lente
incandescence

des lys en état de grâce –

et par les ajours de l'extase réfléchissent
le transparent battement
des origines.

Le Désir peut-il
autrement s'épeler
qu'en une déflagration
de signes imprononçables ?

Porte au rayonnement du chant
la braise de ces silences écumant
par les fissures de ton sang.

Et brûle, page après page,
d'un feu toujours plus clair,
d'un ciel toujours plus sibyllin.

Écrire avec le figuier qui bourdonne, le cœur
qui tremble, les ruisseaux qui palpitent.
Avec la bouche en sang.

L'exercice de dire le carmin de la voix
et le tournesol de la soif

provoque une fracture
dans l'ordre calciné de l'absence.

Une sorte d'éblouissement
à l'aplomb de l'insondable écoute.

Que ta parole prélève sa pulsation à la source jaillissante de tes amours dissidents ; alors s'en viendra l'Indicible butiner le pollen aux anthères de tes lèvres.

Dans le voisinage privilégié du soleil,
écris l'ineffable de cette lumière
qui tisse imperceptiblement
la fragile partition du trouble
et du plus simple émoi.

Que toutes sèves
fleurissent en nos voix
comme viendrait à éclore
au revers de nos mots
la mélodie des aulnes.

Tâchons d'en nos silences sauvegarder
ces quelques signes ignés

sur le point de noyer leur danse
dans le chant circulaire de la lumière.

Et le poème de lui seul adviendra,
point d'eau ou battement d'ailes

au zénith de la langue.

Écrire,

d'une tension sulfureuse
vers le soleil.

À l'origine.

Feu
contre feu.

Ne plus écrire
que pétri du désir
de voir les choses
se rappeler à nous
dans leur substance solaire ;

le moindre caillou,
le moindre brin d'herbe,
le moindre moineau,
sont eux aussi
une extrapolation du feu.

Rendus à l'inintelligible du séjour où le lent tournoiement des ifs féconde la mousse de nos silences, la poésie nous est tentative la plus nue, la plus sauvagement désarmée de nommer nos accointances, intemporelles mais lymphatiques, avec la Terre éternellement irrévélée.

Ces sibyllins murmures
accentuant le trouble
et creusant le vertige,

ils ne sont rien

que l'écho du Désir
qu'une secrète eurythmie
tisonne à nouveau.

Ainsi la Terre brûle-t-elle
d'offrir au secret de nos langues
le lierre sauvage et le ciel pourpre

de son silence.

Ce que les eaux de la Parole irriguent
de transparence,

ce sont les flammes flottantes du désir
qui se répandent

parmi les vignes du corps sauvage.

Une terre
insoupçonnée insiste
sous le ferment de ta brûlure.

Une terre
à délier sa vie
en résorbant ta mort.

C'est de la moisson patiente de tes silences
que la Parole récoltera l'indice
de son feu initial.

Traçant une sente sauvage et fuyante
entre les béances insondables
du jour et le noir sortilège
de la nuit,

je cherche à rejoindre, par l'impondérable
du tracé, *à l'origine,*

la connivence immémoriale
du feu.

Ils n'ont d'existence qu'hautement vulnérable ces rares hommes ne vivant que de la consumation d'un vertige à la verticale duquel les chuchotements du chiendent entament l'écorce du cœur, et pieusement ensemencent le soleil de la grâce.

Les scintillements
de la seule apparence,

et leur soif d'incendie
et d'absolu,

secrètement nous percutent
et nous éventent.

Aussi recèle-t-elle la Parole

chargée au pollen
et trempée à la foudre

le prodigieux pouvoir
de nous foudroyer

en l'*Ouvert.*

Dès lors que l'on sent qui s'éteint
la Terre incandescente,

il convient de semer dans l'avenir
les glaïeuls de l'exil.

Telle la lumière inaugurale
escortant l'avènement du raisin sur la vigne,

rejoins, et d'un nuptial élan embrasse
l'influx secret des genèses

à la racine de leur forme éclairée.

Dire
et ne rien dire
au solstice du désir
que la rumeur de ces eaux
veillant aux floraisons de nos déserts.

Quelques vocables d'air ou de terre
peuvent quelquefois
porter un astre

à son plus pur embrasement.

Ainsi nous revient-il de faire vibrer,
du bout des lèvres, les fibres
imprononçables

de la plus simple extase.

Chante la sombre part de ton sombre sang qui secrètement s'écoule au nom des laves, des lavandes, et des ors. Car, sombre de sa soif inassouvie, notre sang nous enjoint à réaffirmer notre allégeance à une autre terre, à un soleil contraire, un astre avalisant.

La lumière elle aussi
sollicite au poème

le feu

qui sacrera l'énigme
de sa luminescence.

Nous ne demandons rien
à la Terre,

que d'abolir le vide et
de *ruisseler.*

Hors la Parole, le jour
se meurt.

Aussi nous revient-il, témoins
solaires de cette solitude
d'obsidienne,

de restituer au jour
la musicale empreinte
de sa luminescence.

On ne devrait jamais briser le silence
que pour en dire la teneur des éclats.

La soif
réactive ce silence
qui dans nos os s'épuise

du *désir de se dire.*

Aussi serait-ce prématurément
périr que de taire
cette océane

innervant ta marche et
dénudant ton pas.

La mélodie des seigles sous l'archet du soleil est cette invitation faite à nos lymphes de s'embraser, faite à nos sangs de s'épancher ; il ne nous est donné de vivre qu'*exposés* à la brûlante et souveraine épreuve de l'Illimité.

Ne plus parler, ne pas se taire,
mais *tendre son silence*

aux oiseaux dévoyés,
à la terre altérée,

aux soleils aphasiques.

Je ne cherche rien qu'à dire
ce double mouvement
de dépossession
qui, nous acheminant
à la neige du silence,
fait le feu inaugural
s'acheminer en nos langues.

Libère
la source d'eau claire
enfouie au fond de tes mots troubles

Et chante, telle
cette fontaine catalysant en nos os
l'apesanteur irisée d'un crépuscule d'été.

J'ai traversé la noueuse épaisseur de la langue pour embrasser la source d'eau claire que se partagent le ciel du dedans et les soleils du Dehors.

Et c'est alors, et alors seulement, qu'une Terre sevrée de mots s'en vint – intacte, unie – s'enraciner dans les soubassements diaphanes de mon souffle.

Que notre langue s'en remette
à l'ivresse de l'alouette
déjouant

la noire désolation de l'advenir ;

Rarissime est la Parole
qui, filant l'azur,
inaugure

tout un ciel à sa suite.

Nulle Parole qui ne soit,
anonyme et sauvage,
tentative d'élucidation
de l'Innommable.

Lorsque la lumière ajuste l'attente
aux promesses de l'été,

quelques mots
comme une approche ailée

sèment dans nos os
leurs poudreuses clartés ;

et nos silences s'ouvrent alors

à la retenue des acanthes,
à la respiration du carex,

pour en révéler la chair commune,
en glorifier la clameur de l'éclat.

J'écris

le déchaînement des sources,
la démesure d'une eau,
la demeure

qui *implose.*

J'ai pris pour confidente
la transparence des sources,
pour guide la brûlure des torrents,

et c'est alors que le chemin
– ses tessitures de sauge,
son substrat d'impossible –
recommença à ruisseler.

Le poème
n'est-il pas ce geste à l'apogée

duquel toute lumière terminerait
de s'agréger

en un silence palpitant ?

Ce sol
battant d'air et d'azur,

quel souverain silence,
quelle déhiscente parole

pour en drainer l'éclat,
en attiser le partage?

Seul le feu
a pouvoir d'unifier les éclats ;

c'est par le feu
que la Terre se jointera.

Avec toujours ce risque de se voir
relégué aux abîmes
de l'impensable,

que s'élance le feu sobre de notre sang
à l'assaut de sa part
d'ineffable.

Car *vivre,* ne serait-ce pas cet acte
consistant à forger
les signes

lisibles et illisibles

de notre inaliénable, de notre décisive
part d'homme ?

La poésie,

déclinaisons du souffle

sous le doigté du Désir.

DU MÊME AUTEUR

Sable d'aphasie, Châtelineau, Le Taillis Pré, 2011
(Prix Émile Polak 2012)
Ces espaces à la base, Châtelineau, Le Taillis Pré, 2014
Les rudérales, Bruxelles, Le Cormier, 2015
Liminaire l'ombre, Châtelineau, Le Taillis Pré, 2016
Petite suite désertique, Mont-St-Guibert, Le Coudrier, 2017
Du vide réticulaire, Bruxelles, Le Cormier, 2017
Approches de la lumière, Châtelineau, Le Taillis Pré, 2019
Genèses et magmas I, Bruxelles, Le Cormier, 2019
Genèses et magmas II, À la façon de la phalène,
Bruxelles, Le Cormier, 2019

L'édition originale de ce livre, composé en caractères Garamond, a été imprimée à trois cent vingt-cinq exemplaires sur papier Munken Print 1.8, dont vingt-cinq exemplaires comportant une photographie originale de l'auteur, sur un tirage de vingt-cinq, chacune étant numérotée et signée, ainsi que chacun des exemplaires de tête. Le tout a été achevé d'imprimer sur les presses de la Maison de la poésie d'Amay
au mois de novembre 2019.

Exemplaire